Ein Weg, den man einschlägt, teilt sich manchmal in mehrere weitere Wege, die man gehen könnte. Wenn die Zukunft ruft und alles unnahbar und unvertraut wird, so stößt man in weitere Dimensionen, zwischen Trauer und Leid. Wenn alles Kindliche schön war und man wach wird und unvorbereitet einen Weg gehen muss, so wird man sich selbst erst finden müssen!

Ich bin auf dem Weg zu mir zurück, nachdem ich meine Krankheit, meine Kindheit und meine Gefährten, von mir nahm, und ich versuche, mich selbst zu finden, in dem ich meine lyrische Stimme bilde, die mir einen Weg in die Zukunft zeigt!

Auf dem Weg zu mir zurück?

Gedichte

ISBN: 9783755768005

Herstellung und Verlag: BoD – Books on Demand,

Norderstedt

Meinen Eltern in Gedenken

Ohne Titel

es fällt schwer zu arbeiten, der Tag geht unter
die Nacht geht auf
Momente verschwimmen wie Lysergsäure und
transformieren in den Kokon der Halluzinationen, die
ich in mir trage, wie wenn der Tod meines Vaters mich
zerbrechen wollt
ich erinnre und einzig das Jahr der vergangenen
Sekunden, die ich vorwärts bestimmen will

verspürt Frieden in den kalkenden Knochen

Erinnerung:
friss nicht mein Hirn
die Vesikel des synaptischen Spaltes wollen nimmer
arbeiten um die Transmitter zu mitteln

Stammhirn und Kortex pulsieren in sonnigen
Septembertagen

Wind weht
von Ost nach Nord

es soll kalt werden
bald stellen sie den Nikolaus in die Aldi Regale
und morgen wird sich entscheiden WARUM
ich hier bin und warum ich Entscheidungen treffe
die mein Vater zerdrückten

ich fühle mich nah an der Psychose
doch wohlfeil
erfährt nur der Heilige
im Zwerchfell die Masse der postmortalen
Psychomotorik

kann mich jemand verstehen
ist jemand da draußen?

Opus morbus
die Krankheit kann kommen
wenn ich es nimmer wünsche
so wie ich mir wünsch meine Vektoren
der Lebenserfahrung zu bündeln
wie wenn der greise Vater da droben steht
& alle Engel Hartz 4 IV beziehen
friss nimmer mein Hirn
grap the telegram
this is my yawp
the battle of agony
will taste the trance

pastmortem

why do you in my eye exploded

folge mir folge mir--
dieser weg führt zum licht
Armageddon
dies ist meine 4. Apokalypse!
Warum wollt ihr nicht begreifen
dass das leben ein Rätsel ist...

beat

der Klangnachhall nach Mitternacht -
bestialisch tanzt der Mond im Lichtwechsel

störrisch find ich mich
den Dichter den Schreiber

den Herzauslöser ..

wo ist Vater und Mutter
von wo kommt der Schub

den ich vorfinde
im Jetzt der Brutalität

meiner Fantastik
wer wohl ahndet

die geschmeidige Jetztzeit?

Kannst du öffnen meine Schwermut
im gegangenen Moment..

ich verliere den Maßstab
wenn ich schreibe:

ich bin Bruder, Liebhaber, Bürger
auch Dichter im Herzen..
So lasst mich tun was immer ich will

Like an

The wizzard tells a language
I ever recall

My fascination
Is a thunderball

Ich verstehe, dass wir
Leben oder beben
Wir werden scheinen

Zusammen werden wir scheinen
Und uns vereinen

Ewig brennt der Herzball
Wie ein Komet, der hienieden geht

Und meine Schulden in sich trägt
Kannst du mich verwehren
Oder mich und dich erklären

Wir sind Herz und Herz
Eine Symbiose, die mich und dich verschwimmen lässt
Und niemals unser Herz verletzt

Who are you?

Wer du bist?
Was glaubst du zu sein?
Wenn ich mir auch noch das Hirn
Zermartere und quäle

Ich kenne dich nicht-
Oder doch?

Dein Herz scheint meines zu kennen
Doch wohl der Trugschluss
Eröffnet ein Meer voller Sagen

Warum nur verbinden sich die Gelenke
Unserer Körper zu einem
Und warum
Bin ich so leicht in dieses Weltall
Hinausgeglitten, um dir zu folgern?

Wenn auch ich folge dir
So werden wir denselben Weg gehen
Besteint und vielfältig, soweit
Die Füße uns tragen
Ich hab mir vorgenommen
Nichts schlecht zu reden
Zu verteilen oder mich in der Dunkelheit
Zu verirren
Das ist mein leises Versprechen

morning glory

gestern, es war gestern, oder war es morgen?

Ich übte Satisfaktion in meiner Umnachtung
am Tage wie auch zur Nacht
schlichen die Feen in meinen Gedankenkreisen umher

nur ich zerwühle mein Hirn
auf dem Weg zu mir
ich befinde mich am Rande der Autobahn
in der Schneise dieser Annexe

und kollabiere mit meinen Ganglien
innerhalb geschobener Schübe

ja, ich wohne hier
und bitte lassen sie mich ausführen:

dies ist meine Burg
mein Haus mein Auto

danke und es sollte bei Gott so bleiben

the lizard

der Augentraum
ein Lichtwerk im Bleimantel
einer Fassade im Nirgendwo

ich kann dich hören
sehen, doch spüren will ich es nicht

du bist ein Zeitmörder
eine Mär, von der keiner zeugen mag

du bist mein athletischer Geist
in der Erinnerung meines synaptischen Spaltes

du bist die Kraft, die mich beherrscht, spaltet und
verführt:

du bist LYRIK

howl

erst vorgestern berichtete mir ein Zwerg
in meinen Ohren, dass ich mich zügeln sollte
mich verirren/ nichts desto trotz
ich bleibe im Licht
dem Gedeih und Verderb
einer neuen Erinnerung

kopiert mich, wenn ich mich irre,

ich wäre ein Dichter, wer auch immer
wenn nicht

Allen Ginsberg gewidmet

moom

alles wird im
Kosmos dupliziert
in der Vergangenheit
auch des Liedes der Zukunft willen

ich will dass die Macht mit dir ist
beglaubige mein Herz

es braucht so sehr die Bekehrung
in der brauchbaren Diabolik
dieses Gedankenstromes;

es wird dir nicht schaden
mich zu erlaufen
und brauchen

wann wird diese Frage
zum radioaktiven Kern meines Erachtens

equi cum laude summa ludere!!!

level

borrowed the minor sky
in the deep blue
you´ll never walk alone
open your source
with the force of my day

I'll be back for all time long

ich hatte recht
verstehst du
ich kann keine Gedanken
durch Lichtbrücken fassen

only this is my break
a half time handling

ich werde vor euch stehen
in der Gegenwart vor dem Grab meiner Lüfte
und weinen um Dein Haar Margarete

Paul Celan gewidmet

zu Todesfuge

powered

die Batterien sind leer
Kreislaufkolik in der Bionik

ich halte den Ball flach
oder demontiere ich die Vergangenheit

Du wirst mich erleben
mit Haut und Haar

in der Freiheit steht die Gleichheit
in Erlebnissen
die die vielfache Lichtbrechung
im Prisma meiner Erinnerung zerbrechen

nur die dunkle Seite des Mondes ist unser Ziel

ich halte die Stille getragen
wie auf einem Tablett

so finde mich
ich bin nah bei Dir

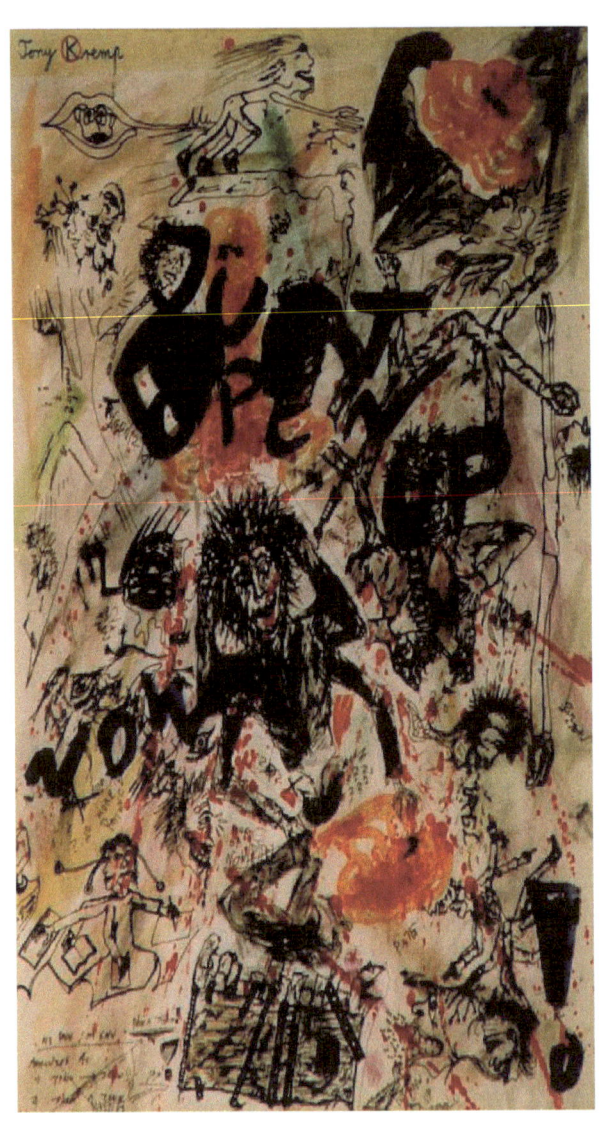

Just open up now

Kleinstadtblues

So wollen wir singen den Abschied vom Abstieg, von
der Großstadt zum Kaff---

Ich bin hier gestrandet, hab hier nichts zu suchen, die
Heimat, mein Kleinod an der Autobahn, 65 Kilometer
entfernt, durch zwei Baustellen voneinander getrennt ...
Ich hasse diese gottverfluchte Kleinstadt ...

Ich wollt hier nimmer her. Auf der anderen Seite die A6
nach Heidelberg, dort hätte ich hingesollt ...
Kultur ist ein Machtbegriff, der hier nur von einer
Wasgau Filiale bekleidet wird..

Ich verstehe nicht. Offiziell bin ich seit dem
31. März festgefahren in der Mühle, die Leiden schafft.

Fehlt die Leidenschaft.. meine Liebe sitzt dort, ich hier,
nimmer die Burg die mein Eigen ist, doch getauscht in
ein Internatszimmer Haus 5, Ebene 0, Zimmer 2 ...

Direkt neben der Raucherecke mein Fenster,
gottverflucht.
Das ist der Abstieg in die dritte Liga ... wenn man es mit
dem EFCEKA vergleicht ...
Vor einem halben Jahr ist meine Mutter gestorben,
vorher nahm sich mein Vater das Leben. Ich vergreise,
wenn ich an das blutüberströmte Gras denke, in dem er
wie biblisch lag ...
Ich sah Abel vor meinen Augen, was ist aus mir
geworden: ein Demian, ein Goldmund, oder eher Hiob?

Wenigstens wiege ich mich noch in der Bestätigung
etwas zu wissen, von dem niemand sprechen würde,
auch wenn er wüsste wie gemeint ...
Ich bin Dichter, Erzähler einer Sprachebene, die weiter
scheint als alle Astrale oder Planeten im Andromeda
Gebilde einer parallel existenten Koexistenz!

Wie beginnt man zu sprechen, wie bekommt die
Stimme ein Leben, die man zum Dichten erstellen muss,
um auktorial zu sein?
Objekt und Subjekt verschwimmen in einer
Transzendenz der Metaphorik.
Wann beginnt man das Kind zu stillen, vor allem wo?
Wenn nicht da,
wo man geliebt wird?

Ich bin geboren, um Liebe zu geben, von Anfang an!
Ein Kreis der Empfindsamkeit schließt sich mit der
Wortgabelung, wo werde ich hingehen durch eine
eventuelle Dialektik?

Ich habe Philosophie und Literatur nur anfängliche zwei
Semester studiert, doch wer braucht
Wissenschaftstheorie, Theodizee und Logizismus?
Wer würde die atomare Russel'sche Philosophie
verstehen? Ich versuche es durch den Pragmatismus,
einer Existenz der Randgebilde meiner
Gedächtnisschleifen...

Ich will den Weg zurückfinden, auf dem ich subtrahiert
wurde, durch verschiedene Melodien, vom Abschied
zum Abstieg ---

Borrowed

My mind explodes in terms of time
I ever recall:
My dreams are captured
In the morning sun

I felt compelled
And narrow of dawn
Insane the power of demand
Is killed in every way

Leave me
Don't leave me any way
Just stairway
The way to fortune's crisis

Elementary the catalysed past
I walk on:
Don't read me between my rhyme
It' s a shame of insanity

Do i did

a little bit/
the change of imagination
in my investigation
is traveling in headquarters
of sublime
my magic is like a non fantastic tragic

I would like to enjoy
the tainted reason of demand

my head explodes in bits of seconds
dreaming skills of agony

try to arrange my minds
I'm losing my imagination

may the power of light and disagree
is a chapter in my headlights

my borrowed skin is washed
by spies in the stoned elevation

nobody will read my book into my future
it's like a collaborated brick in our rainbows

Words around the subject:

your tuition=

display label
of the heart of glass

forward injection
of investigation

I'm the eye of my spy
do you feel my armageddon

you'll be devised in hearts
and beloved

my love
flown over rainbows

I'm interested in yours
nobody will take this wish

I'm paranoid and destroyed by my agenda
I'll be at

your great services and greetings

Compresso

Tastaturgleiten der finger im angesicht der
rhythmischen bilder, die mich verärgern. Meine
gegenwehr sinnlos, apathisch und verwirrt.
Wann beginnen sie die träume zu veräthern, in
komprimierte form zu schicken. Was heißt schicken?
Das ungewollte besprechen meiner nahtoderfahrung
erdrückt den zement in meiner birne. Verklebt die
lasten von grund auf- wollt ihr mich verarschen?
Nein. Die klare weisung des himmelsgestirns. Es
bedrückt und vergiftet den zustand der jetzt in mir
innewohnt: EKEL

Warum ergreifen die tatsachen nicht den sinn von dem
aus die kraft nach droben reicht. Wann beginnt und
besinnt sich verstand, lunge und herz?

Ich erwarte meine heimat in tiefster erinnerung, da nur
das angeborene kraft gibt. Wer ist der sechste sinn. Die
bereitschaft auffällig oder sprachgewandt zu
erscheinen. Ich will ruhig zum glück kommen. Meine
psychotrope wahrnehmung erinnert an damals, als ich
eventuell gott gewesen wäre-
Wer bin ich?
Du oder?
Ich frage sagen, die mich ummanteln im blechkasten
des roboters, der die vergangenheit vorwärts spult-
Wo bin ich?

Bin ich im nächsten oder vorigen leben?
Warum nur antwortet der zellengeist- was ist wahr und
was ist falsch-
Die realität schwindet und der moment verschwindet-

Wann werden die stringenten ganglien gebunden.—

Komatöse traumwelt.. nochmals: wer ändert sich, wird
fortschrittlich, nicht hinterdrein bösblickend die zukunft
zu rufen, da die scopolamine antagonisten der basis in
den verklebten hirnwindungen darstellen.

Ich versuch zu dichten, doch es will nicht gelingen, denn
von ewigkeit zu ewigkeit verändern wir bewußtsein im
konkludenten kopf: ich nicke, bin ja-sager, vers.sager,
eine niemandsrose, der der nicht spricht.

Mauere deine mauer, so spricht die legende, niemals
um dich, sonst wird sich zeigen, wie brutal dein leben
ist

Why do you explain my sources..

Ich entstehe im gebilde meiner unerforschbarkeit!"

A night in shadowland

warriors isolation

in genauer distanz spiegelt sich die luft

ein organigramm der möglichkeiten
wann beginnt man zu erzählen der mär

sie gibt doch versprechen
ich verstehe mich nur am rande
ein existenzialist der ungewollt
seine information aufbraucht
und austauschbar wird

wenn der name nur dir gebühren sollte

ich bin nicht du
der seine vielzahl an kognitiven verbindungen
zusammenstellt

nur der horror ist terror

ja, ich nehme die falschen bewußtseinverändernden
medikamente

ich verfolge die datenautobahn
bis in eine verzweigung vor der ich steh

& weiß nicht rechts oder links

wohin der weg führt kann man ihn
auch norden im kosmos
oder wird der lichtwechsel

die dunkelheit
in den einsteinschen theorien bringen

wobei werde es mir besser gehen wenn
nicht du erscheinst
im signum der träume
ich verbrauche meine koexistenz

nur für verblödeten unsinn im hirn

DU WIRST MICH HEILEN!

das ist unser auftrag
ein kampf der grenzwissenschaften

speech

siehe der turm der sprache
ein gerüst der verzweigung
wie ein schiff
legt es in die ferne ab

um durch die verwindung
sich zu verbinden

doch nur der stählerne zwerg
des alphabets
ob gamma oder delta
der siegel gebrannter buchstaben

erhellt der dichtung gemüt

der der dreht am wortbaukasten
wird nimmer überflüssig sein

werde

beginne
besinne

lebe deine wie alle leben
mit mut
denn der rosenkreuzer folgt dir
auch in die dunkelheit

die religion
ist dazu da liebe in
der menschen leben zu pumpen
doch wer nimmer pulsiert

wird ewig gebunden
ich glaube an den vater den heiligen geist
auch glaube ich an die persönliche kraft
die mich stark und ungreifbar wähnt

dieses risiko
welches gilt wer vollständig löset sich
vom bösen
ist begabt und bedeutet
gleichzeitig einen glauben zu zeugen
welcher heißt: gott lebt
nietzsche ist tot – gott
der übermensch ist tot/ gottverflucht
es lebe ein wohlauf für
meine liebe
die dunkelheit und nacht
die mich glücklich macht
abba

lucky

ich bin glücklich

ich spüre
ihre herzen in meinen

ein klick zum kick der
versendung meiner gedanken:

kannst du mir folgen

ich werde dein herz folglich formulieren
wie eine sinfonie wird es in
meiner poesie leuchten

ich verfolge unserer lippen
der berührung
im Stabmagnet der uns inner anzieht

ich bin verfolgt durch dieses eine:

wann soll es geschehen
dich zu formulieren
wie eine elfe

die mir mein herz begarbt mich drückt
ich kann nur dich leuchten lassen
du erinnerst wie ich unsere zeit

athlet

drown and out
between the poem titles
of salt and sand
my wisdom will never end

no one follow my stars

arabian languages are completley unable

I evermore fight
with my suburban light

you'll confuse my end
you'll be digging my grave

build me alive

i'm just a child sometimes

empty

like a bullet in my headlights
the overdose
will kill the visions

why I'm explain my minds

I'll be in deranged action

follow the harvest
and the songs
of guiding brotherhood

don't hide my research

I'm tragic
when I'm over the holding line

my line in my head
will killed by the barrell of my gun

ich bin gekoppelt in dieser
elementaren versdichtung

have a break

in the tiny elementary reflection
I feel fine for the great announce

touch my mouth with silver lips

and feel my sugarplum fingertips

I love to beloved by you
can you answer my revenge

in my emergency
it's my reaction in affection

you're my smile
for a summerwhile

don't demand

I'll busy and slow
remove me
hold me thrill me kiss me

kill us

you'll be true
my only true love

ende

forever my youngest dead

will watch another step
into heaven
driest weakness will catch my diet

I wanna say don't leave me

you're my frightening healing
of my acid souls

you'll touch me
when I wake up

your kisses smell
like honey wheat

I'am desperate of my
loneliness into your heartache

will you touch my wonderful belongings
I'll never leave you

this my answer:

DU bist mein herz
wenn du bist
bin ich!

temporal

every flight to heaven is
a balance of blame

eternity is a failure
too heavy for the great command

no one ever recalls
I'll be back
in the union of tranquilitiy

and deportation

my wish is like a thundercall

whenever rainbows turn the tides
my mind strikes very lightly

I'm searching for my heart of glass
just to demand
my ambition

to fall into suspicion

I'm the king of weakness
and you're the queen
of my aim...

nobody read the future

depressed echoes

in the hall
angels fall
in the seventh questions of balance
the magic is contained
in a bottle
of whiskey

the soldiers of the tale
made a conduct
of singular permission

my body is swept
under the belief of breakable magic

I ask a question
nobody finds my answer
I'm the pain
I'm the sick
oh honor

I reach till I watch the vision
my ambition

Horrible the captured snake
of the apocalyptic targets
find the reason of demand

help
try to follow

my stairway
unbreakable

UNZERSTÖRBAR DAS HERZBLUT
WILKOMMEN!

Lysergic acid diethylamide

I'm happy but crazy

follow the ring into the stonewashed endings of the
great wheel in my sky

would you believe

it's dangerous

you'll be my machine in my heart

the motor in the catalysed future

I'm wrapped around your alabaster figure

and my ring is a great answer to all

questions in the moments of every result

why do you ask my questions

I`m drunken and stoned

you'll watch me by my side

don't try to hide

keep my heart alive

Gogle

My sense is a title to be suspect
My life is like a candle
And it's flickering into time and majesty

Ich wollte herr sein ohne gnade
Ein herr
Der dämonen ein tier
Ein wolfsgesicht
Doch nur die narrenkappe
Die mich schuldete unwürdig zu sein
Hielt meine manifeste zusammen
Can you remember
My answer
This is the question
Of my believe

Du kommst wenn ich es will
Satanisch oder hexerisch

Wenn ich dich fresse mit haut und haar
Dann wird mein herz erhört und ergötzt in deiner
wortwahl

Perfect

It isn't my change
To elevate my recognition

Ich bin der märtyrer der schreiber
Der kotzbrocken

Ich würde in die nacht phosphoreszieren
Wenn ich die macht hätte
Eine blaue blume zu sein

Kann denn nicht die verwaschung der steine das moos
glätten

Ich würde dem donnergrollen folgen
Wenn du mir folgen würdest...

Doch lass mich nimmer in dieser zwischenwelt

Sie sollte geschichte sein,
auch wenn du kein blut im schuh trägst

bist du doch mein herz
welches mich erfüllt in liebe und dankbarkeit

Lysergic acid diethylamide

I'm happy but crazy

follow the ring in the stonewashed endings of the great
wheel in my sky

would you believe

it's dangerous

you'll my machine in my heart

the motor in the catalysed future

I'm wrapped around your alabaster figure

and my ring is a great answer to all

questions in the moments of every result

why do you ask my questions

I`m drunken and stoned

you'll watch me by my side

don't try to hide

keep my heart alive

Hero

Ich lief die straße hinab
Einsam wie ich war

Und ergötzte mich an meinem schatten
Wie wenn ich diesen ballast los werden wollt

Ich vermisste dich
Ich verlief mich im irrgarten der rosenblüten

Wir wollten uns einig sein:

Keine liebe ohne unserer herzen der mitte

ICH WERDE DICH FORMULIEREN
Wenn es mir gelingt

Echoes

The minor earth in the blue sky
Die geschichte beginnt wie kaugummi

Ich werde alt und älter
Unreifer strapazierter und ungenügsam

Wer kann mich erhellen

Ein licht ist vom mond herübergeschwappt
Und zertritt eine landmine

Auf der ich mich irgendwie statisch bewege (STARR wie
Eins)

Könnt ihr mir folgen.

Also ich kam 79 in diese welt
Mit dem blauen klotz war ich stärker als mancher
glauben wollt

Ich bekam ein herz aus stahl
Ein platinum in der erinnerung durch meine gedanken

Ich verstand nichts, nur ich wollt lieben immerdar
Kann ich das ohne hindernis tun?

Beim bejahen der frage erfinde ich mein gesundes
Haupthirn.
Nur dort wo die fantasie beginnt
Wollen wir brechen

Wie aus dieser wässrigen lösung
Ob es LSD war, wusste ich nicht mehr:

Ich weiß es war liebe
Die ich jetzt versuche zu teilen,
seit ich vom himmel gefallen
alabaster und dismaron funkeln, wie astralgleich
ich liebe sie, sagte ich, während ich wach wurde

born

ich halte mich für unangepasst
ungelenk und streitbar
bin anmaßend unpassend und unnötig

leichte formen agressiver verhaltenstechniken
hebephrener formenaufbau meiner selbstanalyse

ich kann mich ernähren mich leeren
ein reich das mein eigen ist begehen

& doch bin ich geboren um zu bleiben
Um den wind zu drehen

Ich versuch mich ja zu multiplizieren
Mich nimmer zu duplizieren
Mich zu fasssen

& fassbar scheint dein DU
Denn der geisterseher bricht
In seiner neige

Der mann mit dem koffer er ist gekommen
Um zu gehen
Werden sie mich wiedersehen

Ein berühmtes irrlicht
In der nacht
Welches uns zu gleichem macht

Gregorius erfährt die erinnerung

In dem besteinten kalender
Der festhielt:
Wir trafen uns jenseitig
Himmlisch höllig

Und übervoll das Vlies
Welches mich rief:

Die zeit ist gekommen
Und wurde von der götze angenommen

Ich erfahre Dich
In meinen träumen
Wenn auch alles ein traum wäre

Extraterrestrischer bewegung
Und erlösung

Nur die Eine die nimmer keine ist!

My dear idea

Komm sei glücklich oder entführe mich
Oder verwinde verschwinde
Damit du auftauchst wie ein monsun
Untertauchst kommst in gigametrischer strahlung

Der wilde körper
Der wilde kuss

Die erhebung des endlichen
Ein rhythmus
Der die nacht entfacht

Und mit dem tau erwacht

Es kann sein dass du nicht immer
Mit mir fühlst

Doch wir werden uns erleben
Und in dem monsun ergeben

Wie eine lichtaxt
Erhebt sich die sonne
Im glühenden
Der zwischenwelt

Kannst du mit mir ergreifen
Sieh wie wunder sich begreifen

Ich halt's herz sturgeradeaus
Und aus mir dringt eine metaphysik
Die dich bestückt
Dies sei eine liebe für dich
Ego amo te cum se

opus life (2. Version)

dies ist der tag und die geschichte einer vision: wann
beginne ich den äther zu trinken, das mahl zu speisen
von dem die gerten das brot brechen. niemand wird
dieses leben verfolgen - es ist da - der dinge harren die
maschinen der geister pathos der gerechte schub- in
den nabel der weite der weise... er kam sah und siegte.
die strategie war disvers, ein kontinuierliches ergebnis-
von dem die verinnerung eine begehung im raum
darstellt.. ego manitou ego manitoba.. ich liebe die leise
liebe, der opus der acht in der mondphase meines
wochenendes der verheißung des regens der liebe-- du
bist poesie, ein gift, ein markantes gift der schwingung.
wann wirst du mir erscheinen in atemnot und dunklem
tod. wir lagen schon tief in der macchia, als du mir
meine verwundete verfleischte seele begarbtest. nur du
wirst an mich kommen wie wasser und öl- verteidige
dich oder du wirst vergehen auf meiner hand; wie
wachs schmilzt mir der blüte gesträuch. wann kommt
der prägnante moment der herzleiter zum gehirn in der
sepsis der wunde?

Ich werde lernen und verbauen die zellen zu wahr und
falsch zu wenn und wenn zu oder und überhaupt: diese
zelle der frage werd ich sein & wer wird mir sein. ich
sage wenn wir beginnen sollte es sterne regnen und der
tau vom boden den werde ich dir in die hände legen, so
wirst du mir immer wieder begegnen/ schlafe dann...
und die schwere des ballasts der den kelch füllt wird

das gewissen zu eigen.. ich bin ein kontinent und du
eine vorgelagerte insel zu der ich tauche, bevor ich dich
in watte bausche- wer bist schon du. das DU- was
bewegt und sich ewig vorwärts trägt: schlafe, dann
beginnt der tag und DU wie ich......

Alte schule/liebe Kinder gebt fein Acht....

Wer bin ich?
Was war ich?
Bin ich weil ich denke oder entfällt dem denken die
kraft wenn ich schweig. Das schweigen der lämmer
wird ein windtreiben sein, denn wenn der wind die
letzte posaune bläst, so wird der nette onkel doc. vom
himmel kommen und agenda 2010 und dieses hartz IV
abschaffen: rechter engel linker engel?

Ist alles geschwiegen wenn wir die worte biegen?

Der drache wird für 1000 jahre gebunden!

144000 soldaten ziehen mit der bundeslade vorneweg,
die mit ihren spaten die dummheit der menschen
begraben. 12 gemeinden 12 stämme, aber auch 7 siegel
die gebrochen wurden um den antichrist zu rufen ... ja
glaubt man der philosophie, ist die siebte posaune eine
göttin die den drachen freilassen kann und lösen vom
bösen: philo der freund; sophia die weisheit.. ich werde
im himmel dieses
meeres wie auch das luftgrab der milchnen taube die
schwarze milch am morgen mit salbei verzehren.
Luftgott, ein abraumfahrer ein ignorant und doch
einfach zu mysteriös um zu verstehen, dass ich die
fäden lenke, wenn ich mein haupt auf dein haupt
senke.. (ich flechte gedanken)

Es beginnt wie gift: liebe. Liebe wäre kafkaesk, wenn sie
niemals dazu führen würde sich zu trennen, oder die
namen zu benennen..

Ich dachte von morgen, dass dieser tag die stagnation
in bildern trägt, doch täuschte mich und vergaß des
drachens letzter fraß..

666 die nummer an der ich die nummer in drei speisen
vermittle; oder teile ich die auffassung des
sternenmannes der wie gabriel das licht unter uns
brachte (unter den scheffel). War es prometheus der
das feuer schickte, oder war es adam der den apfel
brach; wobei die sünde nicht diebstahl, sondern geburt
heißt!
Wobei sünde nur dann sünde ist, wenn sie gebrochen,
wie kotze aus deinen säureaugen dringt..

Der odem ist pathos ein hauch von frieden, ein
primartier, ein sukkulent, oder eine amöbe..

Hister?

Michel de notre dame erklärte: am 31.12.1999 kommt
der antichrist/ wobei putin gewählt wurde an diesem
tag!

Es wäre fatal oder banal oder so oder so, wenn ich in
buchführung, die konten saldiere und die erinnerung
blockiere!

Warum bleibt alles?: nimm die blaue pille und du
steigst aus der zwischenwelt aus, nimm die rote: you'll
stay in wonderland!

Die geschichte des horrors beginnt!

Wird sie enden!?
Excel?
Dann, wenn, und, oder; Querverweis disvers magical
=wenn;;(wenn;;))

Oder doch nicht:

Formatiere mich, (schreit dieser aufsatz) und du
wunderst dich, wenn du verdichtest, wie du dich an die
DIN Form richtest!

Invisible alien breaking through the wall

Tunnel for exhibitions

1.
Der tunnel das tal war dunkel erstickend stieg der saure
geschmack der tränen in mir hoch wie kotze doch ich
hielt mich an die vorgabe meines mentors- ewiglich
verbürgt sich das licht im schacht.. dort ist kalt und
klamm UNHEIMLICH:: ANHEIMELND:: auch befremdlich
– wenn ich nur so wie goethe verdichte, kann ich dann
gedichte?

2.
Klar der sturm das gewitter ein götterfunken von oben
– goethe zitiert spinoza und zeitgleich tauchen wesen
aus seinem 20000 wörter gewaltigem gesamtwerk.. das
triumvirat der dichtung europas gerät ins wanken.-
ich lenke euch in eure schranken ...

3.
Märtyrer aus Liebe? Warum sollte man psychopath
werden, wenn die verinnerlichung des gedankens nur
einzig einer blauen blume entspricht..
Wer liest schon goethe wenn er novalis lesen kann?
Meine aphorismen brechen aus mir hervor wie
krachendes eis das dunkel veratmet...

4.
Wenn ich zitiere dann nur der unendlichkeit
versprechend, wie wesen hervorbrechend und stille
atmend der gebrochenen münder klang..
Opiate in dicken zigarren schwelgend der schwester
gleich .. ewiger mut
Glocken tönen der wörter masken- wie epitaphe von

ehedem
Wenn celan vom wolkenwagen schreibt auch der muse
bereit, so folgt das wallende haar der raucherin …

5.
Um zurück zu kommen auf goethe … habe sein nichts
oder in fromm wiederentdeckt das goldene gesträuch
seiner sparsamkeit.. aber auch schnitt der qualle sticht
das kraut ist besser als an risiken und nebenwirkungen
zu denken, da goethe nur richter war freimauer jurist
prokurist philosoph… was hat der eigentlich nicht vers.
Standen? Seine frauen? Oder der begehr einer neuen
schule die in ewigkeit alles vergibt, wie wenn man
wandelt im dunkelen gras der hände mürbe und
vergessen ist das grab hinter dem autobahntunnel…

E mail an göttin

Gefürchtet vor deinem schlag hab ich mich nie. Du
warst nie gnädig, eher garstig und kantig, schnittig,
lupenrein, doch zum kotzen ist das, was du da scherst
im licht.
Ich erwarte mein gehen und deine zukunft im
delirandum.
Nobody else but me-
Evermore. This is half past my energy created in a drug
called pain anywhere.

Warum muss man sich ergreifen, bestehen,
befürworten und verdrehen?
Ich halte die wahrheit nimmer für konkludent. Sie ist
einfach gebündelt in einem stoß voller erbrochenem in
einem bauwagen zu ehedem..

Diese wahrheit ist: ich werde mich teilen und
wiederfinden in meinem abraum meines gigantischen
herzens, das schneller schlägt als deines gott.

Du wirst mich zu finden wissen hinter dem
baumstamm, in den ich die zeilen ritzte rip.- ich bin
gekommen um zu gehen, wann kann man dich
wiedersehen?

Niemand verfolgt mich wenn ich auf trip durch die
straßen lauf.
Auch kein risperdal mit maisgeschmack kann mich
zügeln ...
Du bist fort, vater aller väter in ewigkeit.

n
.abend---
----

ich erwarte die stunde des mondes, wie blei die ketten
der schwere.
Halt mich fest, du kannst das. Du könntest, wenn du
begreifst, ein wunder bedeuten. Auch wenn der blutige
mond über der stadt schwebt und die sterne funkeln
wie astrale- so öffne mein herz, ich komme heim…

Doch nur die schwärze der wildernis im umfeld der
träume ist zu begehen wie sehnsucht und lust.

Eine mauer trägt frieden in ihrem keim, denn wir sind
alle ziegel von dieser.
Zeilendamast, störende fremde, klingende miniaturen
und folgerichtige inhalte wollen bereichern mein
hungriges herz-

Ich diene der masse und doch scheint die
vergangenheit wie eine reu ohne gabe, ein rabe, eine
narbe, ein schmiss.
Ich wollte mitteilen was bewegt und ewig unsere
herzen trägt.

Hörst DU die eingebung!
Ich werde eine burg um dein herz bauen!!!-

nach Sting "Fortress around your Heart"

Marmelade

Kick the sick
It's obvious

My balanced step
Into eternity
Will call my duty

No one ever is bigger and small
In this burnin heartache.

Just you belong
Into my search
Of my holy crusade.

I built pictures
Of trades and memories.

Help me I'm refused
My energy is captured
Into heaven and hell-
But my wisdom

Takes care of my business
I'm my and your wish
Across the streets of bluish black
And your submission

Is transmission

Dirty and dust

My explaination isn't a change
I'm searched by my equipment
Of danger

Murderers and faces are passed me by
Thank it's a grendel
A return of the time

The heaven is closed up
Like me too
And a step of the stairways
Is much declared by my mirage
-
This is the place I'll learn to be

Read my book

It's overkill
And confused
The apparition of thunder

Is a room with a view

Numerus uno baptiste cicero

Mein vater war knochenstark, sensibel und ängstlich in
diese welt gekommen wie ein stück papier auf dem
bogen der ziegenhaut eines schreibtisches von dem aus
die geschichten dieser heiligkeit erklangen frisch auf
neugeborener im weltall wird alles still sein ein metrum
versinkt in meine hexametrische ungebundene sprache:

ER IST WIEDERGEBOREN-

Im zwerchfell der gnom der meine luft atmet im sirius
die kapitälchen meiner geborgenheit: ich liebe das
schreiben doch bin erschwert von dichtung und
wahrheit, die auf mich herniederbrennt wie süßes gift.

Da ist der pilz, den ich von mir stieß, ohne durchaus
größer zu wirken in osmotischen seinsgebilden des
körpers

Wo kann ich mich wenden und drehen im kreis wie der
belzebub meiner notation:

Ich bin dichter: ego magna carta cum laude: egi egalite.

Wohin führt mich der pfad im auenland der zu der
brücke führt ins endlich unendliche:

Paradox ist die geschichte der Wahrheit ein
stimmenklang im silo der schwebenden und
aufgemalten sterne, die mich versetzen durch zeit und
ewigkeit:

Ich komme ich folge..
Es begeben sich wunderliche wege, die sich
dreidimensional verästeln:
Dies sind keine rätsel das ist offentsichtlich..
Vater ergo liquus- wo gehen die ritter der träume in die
hallen des großen
Es ist an der zeit dinge zu beschleunigen und zu
katalysieren in die ebene. der stachel des apfels ist
trügerisch in dieses betonte menschsein gedrungen und
wurde im letzten moment im regenbogen verleuchtet:
***Lernt eure Mathematik- sie ist der Schlüssel zur
Wahrheit***

Erz

Der Geist der Götter
Erstarrt in der Finsternis

Wann kommst DU
Wer erquicke dich im klaren Wasser
Wenn nicht SIE
Getauft sei dir die Zukunft
Denn wer sich findet

Ewiglich die Wahrheit bindet
Doch gefangen in der Nacht
Ergreift der Aar seine Acht!

Wer würde zwischen den Runen
Die Pfadfinderversprechen
Anno dazumals niemals brechen

Wer will ein Leben Seite an Seite bestehen
Und die Regenbogen über euch in die Winde drehen.
Der H.erzensprung ein guter Geist
Der zusammen um den Erdball kreist;

Lasst niemals voneinander los & bleibt Euch treu,
denn wer die Liebe bindet
der soll treu und ehrlich sich begegnen
dann wird es Gold vom Himmel regnen...

Beton

Die brücke deiner neugier ist leicht zu überqueren
Doch nunmehr wird mich finsternis bekehren

Kein gulden dem man hulden muss
Nur du und deine kraft dein kuss
Es ist nicht leicht zu widerstehen
Wann wollen wir uns wiedersehen

Ich frage dich mein herz
So spürst du in dir nur mein schmerz
Der weg ist leicht und folglich frei
So wirst du kommen einerlei

Die sprache leicht beschwert von dir
Wann kommt dein stolzer schritt zu mir
Ich dichte für dich schwere kost
Die du nur folglich du erfahren musst

Ich labe deiner musenkraft
Die du nur immer zwischen uns erschaffst
Ich gehe dorthin da der wind mich schickt
So hab ich nur noch dich erblickt

Du wirst mich heilen ganz und gar
So ist das leben wunderbar

Fragment

Es tut mir leid?
Ich habe mich demaskiert
Da nur das unendliche berührt
In der hirnrinde der müde schnitt
Der glatt durch meine sehnen glitt
Folge deiner folgsamkeit
Kein stolz soll dich tragen
In deinem plagen
Nur du und der narretei geschuldet
Der geist dem du nur immer huldest
Ich verändere zeichen
die diesen schwellen weichen
die dich bekehren
oder dich so weiter lehren

Kein stoß der dich errettet
Wenn du ihn auf rosen bettest-
Nur stille schreit die nacht herbei
Doch folgen wirst du einerlei..
Wie meine große fantasei..
So bleibt doch niemals stille
Das ist ein dunkler wille
Nur morgenrot
Und dunkler tod
Wann fließet meine ewigkeit
Hinab in deine heiligkeit.
Wer dich wohl will verbauen
Wem willst du wohl vertrauen

hello goodbye

this is my offer:

my equality in digital memories.

the contract seems the contact,

it passed me by

it's high time.

hard time to handle with my courage.

only my good old fashioned fantasy.

she's every voice I ever felt.

my salt is my esteem,

my honey is my given she

you're the storm of danger

a liquid glass

like a brilliant I take you to me

but may the heaven is clear blue

Like a dove my wish will come through

I died before like a hopeless sinner,

so think about the strongest winner

your luck you'll ever find

like windows and stairways in the clear blue

my morning is a dangerzone

and like a cornerstone

the carnival goes round and round

take this like an energy beam

for my everlasting smile.

I'm a type a ghostwriter an entertainer and a big
bastard:

wouldn't you miss me?

I like you too

Dead party

Nobody call the wind like the rainstorm
Nobody catch
Nobody deals with words like a gambler

Glory is departed in a drug called pain
Further the future
Is like somebody else

My map is disabled
My nature is bordered
I felt nasty of noway

Can you rebuild this
Can this the fire in my head disturb?
Every consultation of the narrow way
Is my case of luck

The book of love
Is my mind in desparation
I love her in sanctury

Power is the steel of friendship
And my morrow becomes no sorrow

Don't take this act
It's a real game of insanity a quiet place to be
I hope you like the story
It's reality and glory

Fearest

Zum Todestag meiner Mutter:

born in defense

mein leben ein streben
ich suchte und fand
die distanz zu dir
die ich verlier
in mir

warum nur diese geschichten
von denen es zu erzählen galt
in der faszination meiner hemisphären
ich schäle den herzapfel

in uns wird es still
overkill
wer klopft an die zellentür
nur du ja du

und die bewegung der finsternis
die sonne,
da ist meine seele jetzt
im milchmond das peterchen

wie der meister eder
in diesem leben
so still:
"ICH ESSE MEINE SUPPE NICHT"

ich fange an mich zu verbessern-
fang an brücken zu den menschen zu bauen
die auf dem asphalt leuchten und brennen
zu ehedem..

im glashaus..

für die SWR 1 Hitparade

manchmal erdrücket die herzschwere den goldenen
käfig in dem die papagaien sitzen auf der stange und
wollen miauen wie katzen, gestiefelte kater, oder die
guten ins töpfchen die schlechten ins kröpfchen.. bald
fallen die sterntaler vom himmel wo der schiller den
goldenen degen spannt ...

es gibt orte da geht man ungern hin, es gibt orte an
denen man zuflucht sucht und manchesmal gibt es
noch eine achte brücke?

ich bin nur dichter, notiere was bewegt, womit die stadt
des kaisers sich unendlich fügt und lebt .. wer kommet
zu bethlehem der schein... kommet zu sehen die
mamas und papas, erhellt von der lichtschwere ... ein
regenbogen wird des morgens hell erstrahlen ... und die
musik in zahlen von 1000fach zu eins ... gesungen, dass
diese Stadt erhellt nunmehr in dieser nacht vom
sternenzelt ...

es wäre herbst/ winter , doch blüht noch der gelbe
ginster in den herzen dieses hörgangs, auf dass die
achte brücke zum 7. sinne kehrt und mit neun leben
fortbesteht ... so wie die musik auf ewig lebt ...

**für alle Mitarbeiter und Helfer des gläsernen Studios,
für alle Hörer, für die Unendlichkeit der Musik ...**

Arkitekt

dessen bin ich mir bewusst:
des lebenseifer nur ertragen
würde deiner lebensquelle laben
das vlies der freiheit wird erhellt
wenn großer kummer sich mit lust
entstellt windet um des torsos brust-
romanik gotik und der greise geist
des baumeisters versteckte zahlen
in der hoheit weiser namen
erschlägt der wahrheit angesicht
die freiheit wird zuerst gesprochen
wenn sie aus der wand gebrochen
nur im dome seines felsensbrust
die götterepitaphe in den gräbern
werden in sehnsucht über sich erzählen;
ein marginal der kaiser gräber
nur der katakombische erzähler

ich las die reinheit
in der zeit
der erstellten ewigkeit

nur finden wird man nicht
des templers letztes licht
von diogenes getragen
ein atom der stein des weisens
reiner schwur
verlöschet ewig jede spur
ein stein ein monolith
ein kalb
eine lade der gebote irrung

wird zauber um die welt entfachen
und der wahrheit 1000 jahre drachen
binden an den pfahl mit ketten
so dass der phoenix wird uns retten
das erste pferd gebrochen durch des siegels mund
wird tragen den genarbten held
und verlöschen wird des eides statt:
wer ist schon a und o
wo beginnt und wo zerrinnt der sand der träume
wenn nicht in des holden maß
das der steinmetz riegel schmilzt in gottes siegel
nur wer nicht weiß was er versprach
für jene die die neugier plagt:
paradox ist wahrheit nimmer fassbar/ unglaublich un-
antastbar
wie stein,
wer hat geworfen: Kain?

Nothing's build up yet but it will be

the program

are any men dying in the cast of senses
is my exploded happiness a bruta past tense
noone is evermore
in the battle of done before
I reput the program of my brain
I'm programmable
with grammar
and my minds an inclusion
of a step into the distance

I found you in my dirt
and you're older than I
in my eye the spy
who loves the darkness like a beauty

bloody sweat
a monster of organizing
a wish of my paradises

any fact:

in the factory my mind smokes
for the rhyme of my blues

I'm a signal
a roboter of words
a machine who turns our tides
into majesty and honey

r.e.m.

Follow the wind
Follow the stars
Into the weaping of a claw of suggestion
I'm burried the major in marriage
And drawing weakness

You'll stay awake
In my window a colour of light
My power is knowledge of unknown
My claim is such a shame
Wonder the wonderer

I'm I into the lying of love
Open your smell eyed rapid moves
My believe my sweat my teardrop
You'll be

cat

scratch me back
into difficult memory
inside the breakable freedom
arrange me
my levee
I'm connected with the blue
swept water
my signal is an act
to scroll around the pictures
of my revenge

you'll watch me at my side
into my closed elevated summer

a morning will not come again

again. will she offer her tongues
torch advertize me conjugate me
for purple division

into my equality

Uwe Kraus

Uwe Kraus - geboren am 17.02.1979 - erlernte an der Meister-
schule für Handwerker den Beruf des Maler und Lackierers.
Seit 2000 seinem 21. Lebensjahr, schreibt er Aufsätze, Texte
und Gedichte.
Er veröffentlichte bislang 6 eigenständige Werke, darunter 2
Gedichtbände im Telegonos-Verlag und den Gedichtband
Fernwehpassagen und Brainspotting, seine Autobiographie, im
Conte-Verlag.
Im Eigenverlag veröffentlichte Kraus vier Lyrikbände seit
2001.
Offizielle Website: www.uwekraus.de

Tony Caulfield

*"Mit fiktiven Szenen märchenhafter, mystischer, magischer Fi-
guren und Symbolzeichen sprengt er Realitäten, verleiht ihnen
irreales Deuten, fantasiert zwischen Wahn und Traum und
transferiert sich zwischen Dies- und Jenseits in "Other-
worlds". Keine Frage: Tony Caulfield visualisiert Emotionen,
Inspirationen und Dialoge."* - Isabelle Girard de Soucanton
Tony Caulfield - geboren am 06.05.1974 als Tony Kremp - ar-
beitet seit 1997 als Maler und Autor (*Das Buch des Wahns, Du
mußt sühnen - Dokumentation eines psychologischen Mord-
versuchs, Der Fluch und Niedergang des Hauses Voltar: Die
Abessinischen Greuel*).
1996-1998 studierte er einige Semester Philosophie an der
Universität des Saarlandes; ab 2000 Entrepreneuership an der
TU Kaiserslautern.
Caulfield spielte einige Hauptrollen in Independent-Filmen
und co-produzierte 2004 das *Art Rimbaud Project*, ein Dop-
pel-CD Album mit Songs basierend auf den Werken des Dich-
ters Arthur Rimbaud.
Seit 2007 widmet sich Tony Caulfield verstärkt der Malerei.
Die in diesem Buch veröffentlichten Werke wurden zwischen
1997 und 2001 geschaffen und sind noch mit seinem bürgerli-
chen Namen signiert.

Nothing's built up yet but it will be

Uwe Kraus Lyrikband "Auf dem Weg zurück zu mir" vermischt philosophische Betrachtungen mit Biografischem, gibt stets Aufschluss über die Perspektive des Autors. Der Selbstmord des Vaters steht hierbei für eine Zäsur im Leben des Autors, es gibt ein "davor" und "danach". Immer wieder kreisen Kraus' Texte repetitiv um dieses Ereignis. Auch die Drogenvergangenheit des Autors ist omnipräsent. Oder seine Leidenschaft für Fußball.

"Wie beginnt man zu sprechen, wie bekommt die Stimme ein Leben, die man zum Dichten erstellen muss, um auktorial zu sein", fragt der Autor in seinem Text Kleinstadtblues. "Objekt und Subjekt verschwimmen in einer Transzendenz der Metaphorik", konstatiert er. Man spürt dieses Ringen um das lyrische Ich in seinen Texten, die Suche nach einer Stimme, einer eigenen Sprache.

Manchmal gelingt es dem Autor mich als Lesende mitzunehmen, manchmal nicht. An einigen Stellen ist mir der Sprachgestus zu altmodisch, z.B. "nimmer", "droben", "hienieden", dann folgen wieder Passagen, die mich begeistern: "Ich würde in die nacht phosphoreszieren /Wenn ich die macht hätte/eine blaue blume zu sein"

"Der Weg zurück zu mir" ist ein Buch über das Leben und das Schreiben, das für Lyrikliebhaber die ein oder andere Entdeckung bereithält, ein interessantes Stück Gegenwartslyrik.

Maja Loewe. Lyrikerin und Preisträgerin des Literaturpreises Hildesheim. Sie war Drittplatzierte beim Phantastikpreis der Buchmesse.

Der Autor dankt: Herrn Lukas Trabert, Frau Sabine Landes, Herrn Gerd Forster, Herrn Andreas Fillibeck, Herrn Rainer Metz und Herrn Ruderer für Ihre Unterstützung.

Danke an die Buchhandlung „Die Blaue Blume", Morphy Burkhart und die gesamte Autorengruppe Kaiserslautern für immerwährende Freundschaft.

Uwe Kraus, den 16.10.2020 KL -Eselsfürth.
Zur zweiten Auflage.

Links und Kontakt:

www.uwekraus.de

www.facebook.com/novivitalisVerlag/
www.instagram.com/novivitalisVerlag/

uwekrauslyrik@gmx.de